W0393786

COLLECTION

Cascade

ALAIN SURGET

LES DISPARUS DE FORT BOYARD

ILLUSTRATIONS DE
EMMANUEL CERISIER

RAGEOT-ÉDITEUR

Collection dirigée par Caroline Westberg

Couverture : Anne Bozellec
ISBN 2-7002-2396-9
ISSN 1142-8252

Boyardville, sur l'île d'Oléron,
au milieu de l'été.

LA SEPTIÈME CLEF

– Juste à temps ! s'exclame Émilie en sautant sur le canapé. L'émission va commencer. Et elle passe en direct.

Jérôme, son frère jumeau, arrive derrière elle et la pousse car elle a pris sa place.

– J'étais là la première ! s'offusque la fillette.

– Vous n'allez pas recommencer ! se lamente leur père avec un geste agacé. Si vous vous chamaillez, j'éteins le poste.

Jérôme s'assied de mauvaise grâce, mais deux ou trois petits coups de genou dans les jambes de sa sœur lui permettent de reconquérir son coussin.

– Tu es pénible, grince-t-elle entre ses dents.

– C'est toi qui es pénible, riposte le garçon en étouffant des mots de colère.

Un regard de leur père les ramène à l'ordre, les cloue bien sagement sur le canapé, le regard fixé sur l'écran.

Au cœur de Fort Boyard, Philippe, l'animateur, présente les candidats : ce sont tous des sportifs issus de pays francophones. Ils jouent pour doter un village du Mali d'une école et d'un dispensaire. Un homme affublé d'une cape noire s'approche d'un gong.

Dong ! Le décompte s'affiche dans le coin de l'écran tandis qu'un elfe, habillé de vert, entraîne une jolie Ivoirienne vers la Tour de Verre.

– Ah, fait Émilie en se frottant les mains, c'est l'énigme !

Sa mère cesse de regarder son magazine, Damien, son grand frère de quinze ans, occupé à assembler une maquette de voilier, lève le nez de son ouvrage en maintenant entre ses doigts le mât qu'il vient de coller. La jeune fille surgit d'un escalier en colimaçon et se présente devant le Maître, un vieux sage à la longue barbe blanche.

– Bonjour Mayoussi, commence-t-il d'une voix fêlée, presque cassée.

Elle lui répond par un sourire, attend, un peu crispée, qu'il lui pose son énigme.

– Voilà, voilà, chevrote le vieil homme en farfouillant dans un petit placard pour en extraire la première clef. Ça va bien, Mayoussi ?

– Ça va bien, affirme-t-elle en se campant

sur ses jambes, parée à recevoir la question comme s'il s'agissait d'un ballon.

Émilie se cale au fond du canapé, prête elle aussi.

– Il signifie rien et tout en même temps. Il n'est personne et cependant il est quelqu'un. Son ombre fait peur... Qui est-il ?

Mayoussi tire une moue, Émilie creuse ses joues en laissant filer l'air de sa bouche. Les secondes s'échappent...

– Il n'est rien ni personne, marmonne la jeune fille en réfléchissant rapidement.

– Il est tout et quelqu'un, murmure Émilie en écho.

– Et son ombre...

– ... fait peur.

– Le passé ou l'avenir ? risque la candidate.

– Non, non, non, se désole le Maître de la Tour de Verre.

Une musique chuintante met fin à l'épreuve, brise la tension.

– Fantômas, souffle le bonhomme en jetant la clef dans la mer. Fantômas qui voit tout, entend tout, et se cache dans les murs du Fort. Allez rejoindre vos compagnons, conclut-il avec un mouvement de la main.

– Fantômas est dans le Fort ? relève Émilie.

– Bien sûr, lâche Jérôme d'un ton condescendant.

Quelques instants après, le plongeur de l'équipe brandit victorieusement la clef dans un remous d'écume...

Au cours des cinq épreuves suivantes, cinq clefs sont gagnées par les candidats.

– Cela marche très fort pour vous, les félicite Philippe. Mais voyons comment vous allez vous débrouiller maintenant.

Il s'approche de Mayoussi.

– Vous ne craignez pas de vous retrouver dans un intestin de géant ? lui demande-t-il.

La jeune fille allonge ses lèvres en une moue, peu rassurée.

– Euh...

Sans attendre sa réponse, il la pousse dans une pièce et referme derrière elle. Puis il renverse la clepsydre. Un long tuyau en plastique serpente jusqu'à la voûte. Là pend la septième clef ! La dernière ! Mayoussi se baisse, pénètre dans le boyau, commence à ramper avec force contorsions.

– Sur le dos ! Mets-toi sur le dos ! lui crient ses compagnons qui suivent ses évolutions sur un petit écran placé au-dessus de la porte.

La jeune fille se retourne, prend appui sur ses talons. Les aspérités qu'elle découvre

par endroits lui permettent de s'agripper, de se hisser dans le long boyau.

– Allez ! Allez ! l'encouragent ses coéquipiers ainsi qu'Émilie qui trépigne d'excitation.

– Elle n'y arrivera pas, soupire Jérôme. Elle s'essouffle, elle panique, elle n'avance pas.

La respiration saccadée de Mayoussi laisse des taches de buée sur la paroi transparente. La clef est toute proche. La jeune fille tend le bras. Elle n'entend pas les autres, dehors, qui lui hurlent de revenir. Ses doigts effleurent la clef, elle la saisit, elle ... trop tard ! La dernière goutte tombe de la clepsydre, un diablotin pousse le verrou, emprisonnant la candidate. Au long murmure de désappointement de ses acolytes succède la voix de l'animateur qui les presse de se rendre à l'épreuve suivante.

LES DISPARUS DE FORT BOYARD

La septième clef est gagnée par Pierre-Marie, un grand Québécois au large sourire, mais tandis que l'équipe se dirige vers la cellule pour tenter de délivrer Mayoussi, l'homme à la cape noire se précipite vers eux avec des gestes affolés.

– Vous ne deviez pas garder la prisonnière ? s'étonne Philippe.

– C'est que...

L'homme essaie d'entraîner l'animateur hors du champ de la caméra.

– Comment cela, disparue ? laisse-t-il échapper. Elle n'était plus dans le boyau ?

Front à front, les deux hommes échangent des paroles rapides, inaudibles.

– Ça alors ! s'exclame Émilie, ils ont perdu Mayoussi !

– Oh, il doit s'en passer des choses d'habitude, intervient le père : des portes qui se bloquent, des mèches de pétards qui ne s'allument pas, des serpents qui s'échappent de leur fosse... seulement ce n'est pas en direct et on ne nous le montre pas. Tandis qu'aujourd'hui...

Philippe annonce en se forçant à sourire :

– Mayoussi a sans doute réussi à sortir de la pièce : le diablotin aura mal poussé le verrou. Vous allez la retrouver, déclare-t-il en donnant une bourrade dans le dos du bonhomme pour l'inciter à partir. Quant à nous, reprend-il sur un ton plus enjoué, nous continuons sans elle, car il faut maintenant découvrir les indices qui vous permettront de deviner le mot final, celui qui vous rapportera – je l'espère – un plein sac de boyards. Mais d'abord, rendez-vous avec les Seigneurs-Tigres !

Les Seigneurs-Tigres ! Six Maîtres du Temps debout dans une semi-pénombre, le visage masqué par un heaume en forme de tête de tigre, et qui attendent chacun des jeunes gens pour juger de leur adresse... Quelques minutes plus tard, l'équipe se recompose à la sortie de la pièce.

– Ben... fait Jérôme, Mayoussi n'est toujours pas revenue, elle en met du temps !

Les cinq candidats échangent des regards inquiets. Pour couper court aux remarques, Philippe les emmène au pas de course vers une nouvelle porte. Il explique rapidement au Québécois Pierre-Marie qu'il doit s'aventurer le long de différentes galeries, dans une obscurité totale, jusqu'à l'alcôve de la déesse Athéna : là, il lui faudra déceler un mot inscrit au milieu d'arabesques peintes sur le corps de la statue.

– Ne vous laissez pas distraire, avertit l'animateur qui sent l'attention se relâcher en coups d'œil jetés à droite, à gauche, et guidez votre camarade de la voix. Il n'a que trois minutes pour atteindre la statue. S'il s'égare ou perd du temps...

Pierre-Marie avance à tâtons dans un tunnel noir. Une caméra à rayons infrarouges suit ses mouvements tandis qu'un de ses compagnons, un plan sur les genoux, lui crie la direction à suivre. La voix de Pierre-Marie parvient, déformée, comme issue d'un puits.

– J'ai de l'eau jusqu'aux cuisses. Qu'est-ce que je fais ? Je continue ?

– Tu dépasses la première galerie à gauche, et tu prends la seconde à droite !

– À droite ? reprend le Québécois. Y a rien à droite. Le passage est à gauche.

– Il n'a pas compris, dit Philippe. Répétez !

L'équipe s'époumone :

– Pas à gauche ! Va tout droit ! Tout droit d'abord ! Après à droite !

– Il n'y a rien à droite, s'entête Pierre-Marie en passant sa main sur les pierres.

Les autres s'épuisent en vains conseils, en avertissements inutiles. Pierre-Marie tourne à gauche, s'enfonce dans le couloir... Ses coéquipiers ne quittent plus l'écran des yeux, chacun espérant fortement le voir rebrousser chemin. Mais leur compagnon sort du champ de la caméra et l'écran ne montre plus qu'une galerie désespérément vide, striée de rouge.

– Aïe aïe aïe ! lâche Philippe.

Puis, se reprenant :

– Un technicien va partir à sa recherche et nous le ramener.

– Sa voix tremble, remarque Jérôme.

– C'est la première fois qu'il joue en direct peut-être, souligne son père. Il n'est pas habitué aux...

Émilie le coupe brutalement :

– Tiens, revoilà l'homme à la cape ! Mayoussi n'est pas avec lui.

Le bonhomme se profile en bas de l'écran. Devant son air affolé, l'animateur le repousse hors champ. Un travelling s'attarde sur les tigres qui s'ébattent dans leur bassin, offrant volontairement des images différentes.

– Il se passe quelque chose de bizarre, déclare Émilie en se penchant en avant.

Toute la famille a le regard fixé sur le poste, le cou tendu, la respiration suspendue. La mère a oublié qu'elle feuilletait son magazine de mode, Damien a le doigt collé en haut du mât. Le visage de Philippe réapparaît en gros plan.

– Pas de chance pour cette épreuve, annonce-t-il d'un ton détaché que dément l'expression de ses yeux, Pierre-Marie n'aura pas rapporté le mot d'Athéna. Il faut donc que l'un d'entre vous se rende immédiatement auprès du Maître de la Tour de Verre pour une nouvelle énigme. Allez Prunelle, à vous ! Et ne revenez pas bredouille !

Une Antillaise aux longs cheveux noirs part en courant derrière l'elfe vert. Près de l'entrée, la caméra surprend l'homme à la cape qui fait un signe à l'elfe. Celui-ci se retourne, demande à la jeune fille de monter sans l'attendre. Sur les postes de télévision se détache alors l'imposant grimoire derrière lequel attend le Maître. L'image s'éternise...

– Eh bien, elle arrive ? s'impatiente Jérôme.

– Elle s'est peut-être perdue, elle aussi, ironise son père.

La caméra filme l'escalier – désert. Où est passée Prunelle ? Le caméraman dirige son objectif sur le Maître de la Tour qui roule des yeux inquiets.

– C'est incompréhensible, murmure le vieux sage. Il ne faut que dix secondes pour monter jusqu'ici.

L'image s'éteint. L'écran noir est parcouru de parasites qui défilent par bandes.

– C'est fini ?

La question d'Émilie demeure sans réponse. Brusquement une image jaillit : celle de l'animateur entouré de l'équipe et de ses techniciens. Aucun, visiblement, ne sait qu'il passe à l'antenne.

– Mayoussi, Prunelle, répète Philippe d'une voix étranglée par l'angoisse. Et on vient de m'annoncer que Pierre-Marie n'était plus dans le tunnel. Ils n'ont quand même pas traversé les murs, bon sang ! Qu'est-ce qui a bien pu leur...

Sa phrase se casse lorsqu'il remarque qu'on le filme, il tend ses mains devant l'objectif. Le noir à nouveau. Et quelques secondes plus tard, un texte défile sur l'écran :

Chers téléspectateurs, nous vous prions de bien vouloir nous excuser, mais des incidents nous obligent à interrompre l'émission.

– C'est dingue !

Les jumeaux ont crié en même temps.

FORt
BOYARD

Jérôme se lève d'un bond, court vers la porte.

– Où vas-tu ? s'étonne sa mère.

– Sur la plage. On verra peut-être ce qui se passe là-bas. Tu viens, Émilie ?

– Accompagne-les, dit le père à son fils aîné.

– D'accord, répond Damien. Dès que j'aurai décollé mon doigt du mât…

LE SILENCE DES PIERRES

Plusieurs personnes sont déjà sur la plage et regardent en direction de Fort Boyard. Les commentaires vont bon train :

– Ils sont tombés dans des oubliettes…

– Ils ont été enlevés…

– C'est un coup monté pour faire grimper l'indice d'écoute…

– Ah, voilà la police !

Les regards convergent vers une vedette qui se détache du continent. Elle file au ras des flots, tous gyrophares clignotants. La mer est déjà grise. Le ciel, lui, garde encore un bleu pâle, presque phosphorescent, qui s'abîme à l'est sous une lente marée sombre.

– Il y en a une autre ! lance quelqu'un. Apparemment, c'est sérieux.

Une seconde vedette bondit dans le sillage de la première. Les bavardages cessent, les gens se raidissent dans l'attente. Les petits courent partout, se chamaillent, se jettent du sable dans les cheveux.

Des mouvements de lampes là-bas, en haut de la muraille ! Le studio de télévision, installé sur une plate-forme montée sur pilotis, à une dizaine de mètres du Fort, éclaire tout à coup une partie de la façade au moyen de puissants projecteurs. Une vedette fait le tour du rocher en dirigeant son faisceau lumineux sur la mer.

– Ils cherchent dans l'eau, dit Jérôme, au cas où ils seraient tombés d'une fenêtre ou du haut des remparts.

– Tu crois ? relève Damien. Les techniciens les auraient vus. À mon avis, ils sont coincés quelque part.

– Comment ça, coincés ?

– Quelque chose a dû se détraquer au cours de l'émission. Le Fort a servi de prison au temps de la Commune[1], il doit être truffé de pièges pour empêcher les évasions. Mayoussi a pu être happée par une trappe, Pierre-Marie s'égarer dans le labyrinthe. On va les retrouver…

– Et Prunelle ? signale sa sœur. Comment tu expliques sa disparition ? Quand Mayoussi est montée dans la Tour au début de l'émission, il ne s'est rien passé.

– Mais Prunelle était seule, Mayoussi était avec l'elfe, intervient Jérôme.

1. Cent cinquante communards y ont été enfermés en 1871.

– Et alors ?

Damien fait la moue comme s'il réfléchissait, mais il ne trouve rien à répondre. Le ballet des lumières se poursuit dans Fort Boyard : des scintillements éclatent au gré des recherches, les cellules s'allument les unes après les autres, et c'est un véritable vaisseau d'or avec ses trois rangées de sabords qui brille bientôt sur le noir de l'eau.

– C'est beau, dit une voix.

Des hochements de tête. Une autre voix annonce :

– La nuit est tombée, il commence à faire frais.

– Il faut rentrer, les enfants sont fatigués.

– Et puis on n'apprendra rien de plus aujourd'hui.

Les groupes s'étirent en pointillé sur la plage. Un chien revient flairer l'écume, trottine sur le sable mouillé en imprimant une belle série d'empreintes.

– Allez, on y va ! ordonne Damien.

– Attends, il y a un attroupement au pied du Fort, constate Émilie.

Damien s'arrête, jette un coup d'œil pardessus son épaule. Des formes jaunes s'agitent dans les faisceaux croisés des lampes.

– Les candidats retournent à La Rochelle, constate Jérôme.

– Oui, mais dans le bateau de la police, pas dans le Zodiac habituel.

La remarque d'Émilie trouble Jérôme.

– Ooohhh... tu crois qu'ils ont quelque chose à voir avec...

– Mais non, le coupe Damien, il fait nuit maintenant et ils ne peuvent pas rentrer à terre en Zodiac.

– Il y a toujours trois candidats, reprend la fillette. Ils n'ont donc pas retrouvé les autres.

Les deux frères se campent sur le sable, scrutent les mouvements au loin, dénombrent les silhouettes.

– C'est vrai, souffle Jérôme d'une voix tremblée.

Damien ne dit rien. Les lèvres serrées, il suit le départ de la vedette, sa plongée dans la nuit...

UNE LUEUR MYSTÉRIEUSE

Mystère à Fort Boyard : trois candidats disparaissent au cours de l'émission, titre la presse du lendemain. *Mayoussi s'envole, Prunelle s'enfonce dans les murs, Pierre-Marie se perd dans les entrailles du fort... Y a-t-il un fantôme à Fort Boyard ?*

Pendant des jours, la télévision et les journaux montent l'affaire en épingle, captant l'intérêt du public. Devant l'absence d'indices et de pistes sérieuses, les hypothèses les plus fumeuses sont énoncées : rapt des candidats par une organisation criminelle, par une association de téléspectateurs mécontents, par une chaîne rivale... mais les enlèvements ne sont pas revendiqués, et les recherches de la police n'aboutissent pas.

Une certaine presse parle de fugue, voire de canular. Quant à savoir comment les candidats ont disparu, le mystère reste entier.

Dressé sur son rocher, Fort Boyard est devenu un lieu interdit, chargé d'angoisse, une forteresse qu'on ne peut évoquer sans tressaillir.

– Maintenant, elle me fait peur, souffle Émilie.

Les jumeaux sont assis sur la dune, les pieds enfoncés dans le sable. Les jeunes enfants jouent sur la plage, mais les plus âgés et les adultes glissent parfois un regard vers le Fort. Un regard grave, empreint de crainte.

– Moi, répond Jérôme, Fort Boyard m'attire encore plus qu'avant. J'ai vraiment envie de savoir ce qui s'est passé là-bas.

– Il est fermé. Plus personne n'a le droit de le visiter. Les gens se contentent de tourner autour en bateau.

Jérôme saisit une poignée de sable.

– Je sais, soupire-t-il en laissant filer les grains entre ses doigts. N'empêche...

Ce soir-là, Émilie et Jérôme sont revenus sur la plage.

Une ombre épaisse se teinte de bleu, recouvre la mer d'une couche opaque et uniforme. Le Fort entre lentement dans la nuit, tel un vaisseau fantôme aux voiles noires immenses.

– Il y a quelque chose là-bas, remarque Jérôme.

– Où ça ? demande Émilie. Sur la mer ?

– Regarde cette longue traînée blanche... Elle part du Fort et s'étale presque jusqu'à la plage.

– C'est le reflet de la lune.

– Non, ça avance, précise Jérôme.

– C'est la houle.

La traînée blanche atteint le sable mais elle ne se mêle pas à l'écume des vagues. Elle paraît immobile, comme une grande bête qui observe et attend. Les enfants ne bougent pas, les yeux fixés sur l'eau. La traînée blanche éclate soudain, s'éparpille en dizaines de corolles. L'océan les jette sur le sable, les transformant en cloches de gélatine.

– Des méduses ! s'exclame Émilie.

Ils s'approchent.

– Ça alors ! s'étonne Jérôme. Je n'en avais encore jamais vu de roses !

– Et la grande, là ! Elle a des taches bleues !

– Dis donc, reprend le garçon, elles ne sont pas normales, ces méduses ! En voilà une qui n'a qu'un tentacule, mais il est aussi épais qu'un bras.

Émilie retourne une méduse avec un bâton.

– Celle-là en a trop : ils sont tout fins, on dirait des vermicelles. Je me demande comment elle a pu nager.

La fillette se redresse, laisse courir son regard sur la mer.

– Tu crois que ça vient du Fort ? lâche-t-elle avec un tremblement dans la voix.

Jérôme ne répond pas, assailli lui aussi de pensées affolantes.

– Il vaudrait mieux rentrer, dit Émilie.

Son frère exhale un « oui… oui… » mais il ne se décide pas.

– Alors vous deux !

Le cri leur arrache un haut-le-corps.

Une silhouette marche vers eux d'un pas décidé.

– C'est Damien !

Ils poussent un long soupir de soulagement.

– Qu'est-ce que vous fichez ? Je vous cherche depuis une demi-heure.

– On a découvert d'étranges méduses, explique son frère.

Damien jette un coup d'œil sur elles.

– En effet, reconnaît-il. Elles ont dû muter à cause de la pollution. Voilà ce qui arrive à force de déverser des cochonneries dans...

Il s'interrompt, le regard soudain porté au-dessus d'eux, vers la mer. Surpris par l'expression de son visage, les jumeaux se retournent d'un bloc.

– Oh ! s'exclame Émilie.

Une lueur fugitive a brillé là-bas.

– Dans le Fort ? s'étrangle Jérôme.

La lumière réapparaît, faible, vacillante, s'efface à nouveau. Un moment plus tard, elle resurgit, tremblote, disparaît...

– Quelqu'un passe sur les remparts.

Ils attendent, respiration arrêtée, que la lumière palpite une nouvelle fois dans l'obscurité...

– C'est peut-être la police, hasarde Damien.

Au fond de lui, pourtant, il sait qu'il n'en est rien. C'est d'une voix flûtée qu'Émilie suppose :

– Un fantôme ?

– Vous croyez que d'autres ont aperçu la lumière ? demande Jérôme.

– Peut-être l'a-t-on vue du port ?

L'attente se prolonge, froide, frissonnante. Mais rien ne bouge, rien ne déchire la nuit : ni bourdonnements de voix, ni ronflements de moteurs, ni éclats de phares blancs sur la mer.

– Personne n'a remarqué cette lueur, confirme la fillette. Il faut vite prévenir papa et maman.

– Tu parles, grogne l'adolescent, ils ne nous croiront pas.

– Avertir la police, alors.

Damien se dandine d'un pied sur l'autre.

– Si elle ne trouve rien, on aura l'air de quoi ?

– Mais enfin, trépigne Émilie, elle a bien existé cette lumière ! On n'a pas rêvé !

Son grand frère se plante devant elle.

– Les enquêteurs ont fouillé Fort Boyard de fond en comble. Ils n'ont rien découvert. Tu t'imagines que les policiers vont se ruer là-bas simplement parce qu'on a aperçu une lueur pendant quelques secondes ?

– Pourquoi pas ?

– Là, vraiment, tu rêves ! Même en admettant qu'ils soient troublés par ce qu'on leur dit, ils nous poseront des questions, contacteront leurs supérieurs, le responsable de l'enquête... Ça prendra du temps...

– Alors qu'est-ce qu'on peut faire ? se désole Émilie.

– Il faut y aller nous-mêmes.

– Hein ? Tu es fou !

– Juste tourner autour du Fort pour surprendre quelque chose d'anormal. Qu'on ait matière à prévenir la police !

– Si on revient bredouilles ?

– Personne n'en saura rien.

– Et si on tombe sur le fantôme ?

– Écoute, Émilie, intervient Jérôme, tu n'es pas obligée de venir avec nous. Tu peux te cacher sous ton lit si tu as la frousse. On comprendra.

– De toute façon, je n'ai pas l'intention de l'emmener avec nous.

– Vous le trouverez où, votre bateau, bande de crétins ? s'écrie-t-elle d'un ton plein de colère.

– Il y a des embarcations attachées le long du débarcadère, assure Damien. Il suffit d'en emprunter une, c'est justement la marée basse. Et je sais que nos voisins rangent leurs rames sous le balcon. On remettra tout en place avant l'aube. Allez, on rentre maintenant sinon les parents vont s'inquiéter. On partira une fois la maison endormie.

Jérôme décoche un coup de coude à sa sœur en lui lançant :

– On te racontera au réveil.

Elle réplique d'une voix sifflante :

– Si vous ne m'emmenez pas, je dis à papa et à maman que vous avez l'intention de ressortir cette nuit pour aller jouer aux arcades. On verra bien s'ils ne me croient pas !

ÉTRANGE DISPARITIO
FORT BOYAR
DISPARU
étrange histoire pen
l'émission « FORT BOY
LE COUR
QUOTIDIEN RÉGIONAL DU MAIN
CHARENTE MARITIM
MYSTÉR
OUES
3 DISP
FORT

LA TRAVERSÉE

Trois ombres se faufilent hors de la maison.

– J'ai emporté mon matériel d'escalade et une lampe torche, chuchote la plus grande. On ne sait jamais. Attendez, je vais prendre les rames à côté.

– On devait juste tourner autour du rocher, s'inquiète la deuxième.

– Et toi rester au lit, conclut la dernière. Alors silence !

Elles se hâtent bientôt vers le débarcadère. Amarrés aux poteaux, des bateaux dansent sur le flot à peine éclairé par la lune. Les trois silhouettes s'engagent dans la mer jusqu'à mi-jambes et se hissent dans une barquerolle. Damien glisse les rames dans les tolets pendant que Jérôme détache la corde. Un coup de rame à gauche, la barque fait un quart de tour, proue dirigée vers le large.

Assise à l'avant, les mains posées sur ses

genoux, Émilie se tient droite, figée dans une sorte de crainte. Toute cette eau noire autour et en dessous d'elle, qui bouge, s'agite, cogne contre la quille…

– Tu as froid ? demande son frère qui la voit trembler.

Elle ne répond pas. Jérôme, partagé entre le frisson de la peur et l'excitation de l'aventure, sent monter en lui, à chaque battement de rames, la boule de l'angoisse. Des chocs soudains contre la coque ! Il allume la lampe, éclaire l'eau.

– Holà ! Qu'est-ce qu'il y a comme méduses ! On traverse un banc entier.

Damien grommelle :

– Éteins ! Tu veux nous faire repérer ?

Il s'arrête un moment pour souffler, les bras ballants entre ses jambes. Puis il inspire une forte goulée, saisit les rames, se casse en deux. Chaque fois qu'il se plie, l'air sort de ses poumons en produisant un sourd ahan.

– On approche, dit Émilie.

Fort Boyard se hérisse devant eux tel une falaise à pic, une ombre gigantesque surgie des profondeurs de la nuit. Le bruit des vagues ressemble à un galop de cheval qui viendrait frapper le rocher avec une régularité parfaite. Ils dépassent la haute plate-forme qui supporte les installations de la télévision lors des jeux.

– Attention à ne pas être pris dans les remous, avertit Jérôme.

– Heureusement qu'il n'y a pas d'écueils, murmure sa sœur, peu rassurée tout de même.

L'esquif tangue, roule d'un bord à l'autre. Les jumeaux s'allongent dans la barque, Émilie dit qu'elle va vomir. Le grand frère tire sur les rames à se rompre les bras, s'arrache du bouillonnement. L'embarcation s'éloigne, décrit un cercle autour de la forteresse.

– On ne voit rien : pas une lumière, pas un mouvement.

– C'est comme si c'était mort, souffle la fillette.

Damien immobilise la barquerolle contre le quai.

– Qu'est-ce que tu fais ? s'alarme sa sœur en le voyant attacher l'amarre à un anneau.

– C'est trop bête de repartir comme ça, lui répond-il. Ou on s'est trompés et on ne risque rien à pénétrer dans le Fort, ou il y a vraiment quelque chose et il faut le découvrir.

Il range les rames au fond de la barque, puis il aide les jumeaux à monter sur le quai. Ils arrivent devant une lourde porte cloutée de fer.

– Fermée, c'était sûr !

Damien lève la tête, découvre des prises d'escalade dans le mur.

– Je vais grimper, annonce-t-il. Quand je serai arrivé à la fenêtre là-haut, je vous lancerai la corde et vous pourrez me rejoindre.

– Monter là-haut ? Mais on va se flanquer par terre ! panique Émilie. Tu ne pourrais pas plutôt nous ouvrir cette porte ?

– Si elle n'est pas cadenassée de l'autre côté, ça ne devrait pas poser de problème. Sinon on fera comme j'ai dit.

– Je n'ai jamais pratiqué l'escalade, moi, proteste la fillette. Si j'avais su que vous vouliez entrer dans le Fort, je...

– Tu nous fatigues, siffle Jérôme avec un mouvement d'humeur.

Il reporte son attention sur son frère qui commence à se hisser lentement, tandis que la mer se fracasse contre le rocher et soulève une pluie d'embruns qui s'étale en nappes liquides sur la muraille et sur le quai. Damien parvient enfin à la fenêtre ouverte à tous vents qui donne dans une petite pièce carrée.

Il saute dans la pièce – elle est vide et sent le moisi –, s'approche de la porte. Elle

est fermée de l'extérieur mais il réussit à soulever le loquet en passant un de ses pitons entre la porte et le chambranle. Silencieux, à pas de loup, il s'enhardit dans le couloir.

– Qu'est-ce qu'il fabrique ? s'inquiète Émilie en donnant de petits coups de pied dans le mur. Il devrait être là depuis longtemps.

– Il aurait mieux valu qu'il nous lance la corde. Au moins, on l'aurait vu tout le temps. Tandis que là...

Émilie tourne la tête vers son frère, rencontre son regard chargé de reproches.

– Ben quoi, se défend-elle, toi aussi tu préférais passer par la porte, non ?

– Je n'ai rien dit...

– Tu n'as rien dit mais...

Un horrible bruit les cloue sur place.

LE VAISSEAU FANTÔME

– Damien ? Damien ? appellent les jumeaux d'une voix chuchotée.

Le battant oscille, pivote lentement, s'ouvre par à-coups. Les enfants se raidissent.

– Da... ?

Le mot s'étrangle. Une silhouette sort de l'ombre, démesurée, déformée par un faisceau laiteux.

– Alors, vous venez ? demande une voix impatiente.

– C'est lui, souffle Jérôme, avec l'impression de se vider d'un coup de toute sa peur.

Ils prennent soin de laisser la porte ouverte en cas de départ précipité, et s'engouffrent dans le Fort à la queue leu leu.

– J'espère que les tigres ne sont plus là, fait Émilie, que les serpents ne se sont pas échappés, qu'on ne va pas tomber dans un piège ni rencontrer un...

– Silence, coupe son grand frère. Ici, le bruit de l'eau ne couvre plus nos paroles.

Ils gravissent des marches, longent des couloirs, leurs pas résonnent étrangement. Ils sont tout excités de reconnaître au passage les portes flanquées de clepsydres et surmontées d'un écran de télévision. Ils atteignent le chemin de ronde qui surplombe la cour intérieure, s'arrêtent sous l'énorme gong. Damien éteint sa lampe et, d'un geste, leur signifie de ne plus bouger. Ils scrutent la nuit, tendent l'oreille, ne perçoivent que le bruit haché de leur respiration et, assourdi par l'épaisseur de la muraille, le chuintement régulier de la mer.

– Qu'est-ce qui t'a pris ? clame Émilie. Il n'y a pers...

– Chut ! répondent les deux autres.

– Tais-toi ! Il y a forcément quelqu'un, enchaîne Damien. J'ai cru entendre quelque chose. Et puis la lueur n'est pas venue toute seule.

Fort Boyard reste sans vie, sinistre sous le pâle éclairage de la lune qui dévoile des pans de murs bleus et rend plus épaisses encore les zones d'obscurité.

– Pourtant, je sens une présence, assure Damien.

– Moi, dit Jérôme, j'ai l'impression d'être dans un grand vaisseau fantôme, et je... et je crois qu'on nous observe.

Émilie ne réplique pas, saisie elle aussi par une étrange sensation.

– Comme... des yeux collés sur nous, ajoute Jérôme.

Damien pense soudain aux caméras, entraîne les jumeaux dans une coulée d'ombre.

– Rien ne bouge, marmonne-t-il après un moment. Continuons.

Ils se hâtent vers la Tour de Verre, mais la porte est cadenassée, et des scellés de cire sont apposés.

– C'est dans cet escalier que Prunelle a disparu, rappelle Jérôme. Il faut entrer.

– Au point où nous en sommes, grogne Damien en sortant le marteau et un piton de son sac. Éclaire-moi.

En deux coups, le cadenas est brisé. Les scellés sautent à la première poussée.

– Maintenant, on est en infraction, relève Émilie d'une voix lourde d'angoisse.

– On l'était déjà en empruntant une barque, lui rétorque Damien d'un ton sec.

La fillette veut tout de suite monter chez le Maître, mais ses frères la retiennent, étudient l'escalier marche après marche.

– Tu crois qu'il y a une trappe, un passage secret ? demande Émilie.

– Cela expliquerait la disparition de la candidate.

– La police a dû y penser aussi, maugrée Jérôme. Si elle n'a rien trouvé…

Tous trois décident de grimper jusqu'à l'antre du Maître de la Tour. Quelle déception pourtant ! Point d'imposant grimoire, point de chouette ni de renard volant aux ailes transparentes ; et la pièce nue fait grise mine.

– On voit bien La Rochelle, remarque Émilie, le nez collé contre la paroi de verre de l'ancienne tour de guet.

Elle laisse ses frères fouiner derrière elle, chercher des boutons dans les murs, des mécanismes secrets… Elle regarde la côte qui scintille au loin, soulignée par un liseré de lumières jaunes.

– Allez, on repart, décrète Damien en lui attrapant le bras.

– C'est incompréhensible, rumine Jérôme. On a pourtant bien vu Prunelle entrer dans la Tour.

– Il faut dénicher la salle au long tuyau. On y découvrira peut-être un indice.

– Comment la trouver ? Toutes ces portes se ressemblent ! reprend Jérôme, découragé.

– On devrait la reconnaître à ses scellés, suppose Damien. La police en a sûrement posé.

Ils quittent la Tour, se jettent dans le premier couloir venu.

– C'est un vrai labyrinthe, se lamente Émilie.

Enfin :

– La voilà !

Le cadenas cède.

– Chut !

– Qu'est-ce qu'il y a ? grommelle Jérôme devant l'air inquiet de sa sœur.

– J'ai entendu quelque chose.

Damien la rassure :

– C'est l'écho.

– Non... un bruit différent...

– Bon, reste faire le guet, si tu veux.

Les garçons entrent dans la pièce. Damien éclaire l'énorme boyau qui tournicote jusqu'à la voûte. Il dépose son sac, se glisse dans l'ouverture.

– Tu ne vas pas monter là-dedans !

– C'est le seul moyen de savoir comment Mayoussi a disparu. Ne me quitte pas des yeux surtout.

Serrant sa lampe entre les dents, il commence sa progression.

Il pousse sur les talons, se tortille, s'accroche aux trous pratiqués à intervalles réguliers. Jérôme le voit s'élever peu à peu, passer au-dessus de lui. Émilie les appelle d'une voix feutrée.

– Revenez, revenez, je ne suis pas tranquille.

– Oh zut ! répond Jérôme excédé.

La lumière tressaute au gré des contorsions, affole des ombres. Damien s'arrête. Il n'est plus très loin de l'anneau où était fixée la clef. Il souffle, repart.

– Quelqu'un approche, chevrote la fillette.

Elle se faufile par l'entrebâillement de la porte, secoue son frère.

– Quelqu'un approche, je te dis.

Cette fois, Jérôme retourne avec elle dans le couloir, écoute, perplexe, les lèvres plissées en une petite moue. Le sol renvoie un bourdonnement, un ronronnement qui s'arrête, reprend, s'arrête, reprend.

– Il doit y avoir un puits qui communique avec la mer, et c'est le bruit de l'eau qu'on entend.

– Tu en es sûr ? On dirait que ça se déplace...

Un cri soudain retentit derrière eux !

Ils se précipitent dans la salle. La torche électrique de Damien dégringole le long du conduit en roulant d'un bord à l'autre. Jérôme la ramasse, puis éclaire la voûte.

– Damien ? ... Damien !

Mais son frère n'est plus dans le boyau. Les enfants fouillent la pièce, cognent contre les murs, frappent le sol de leurs talons pour tâcher de découvrir le mécanisme d'un piège...

– Rien ! Rien ! Rien ! rage Jérôme, des larmes dans les yeux.

– Damien... Damien... ne cesse de balbutier Émilie, comme si le fait de répéter son nom pouvait le faire réapparaître. Elle n'a plus la force de se mettre en colère, de dire qu'ils n'auraient jamais dû venir, jamais dû entrer dans le Fort, jamais dû forcer les portes, jamais dû se risquer dans le boyau... Un bruit tout à coup ! Sorti des pierres ! Comme roulé du fond d'une caverne ! Saisis d'une peur atroce, les jumeaux se ruent hors de la pièce.

– Par là !

– Non, par là !

Ils s'élancent dans le couloir, complètement paniqués, arrivent devant un escalier.

Jérôme serre la lampe contre lui, et hoquette :

– Il faut descendre ! Descendre !

Les marches leur coupent le souffle, ils se jettent épuisés contre les murs.

– Il faut prévenir papa... la police...

Émilie s'arrête pour reprendre haleine.

– Cours ! Cours ! lui crie son frère.

– Je n'en peux plus... peux plus...

Il lui attrape la main, l'oblige à le suivre. Lui aussi est à bout de forces mais l'issue n'est plus très loin. Les jambes molles, la gorge en feu, ils franchissent la porte. Le vent leur fouette le visage. Une pluie d'embruns retombe sur le quai. Jérôme braque la lampe vers la mer. Sa bouche s'arrondit sur un cri qui ne passe pas ses lèvres.

La barquerolle !

Disparue !

UN TIGRE DANS LA NUIT

– Tu crois que la barque s'est détachée toute seule ? Damien avait peut-être mal fait son nœud... balbutie Émilie en avalant sa salive.

– Je ne sais pas. Quelqu'un a pu dénouer l'amarre.

– Ça veut dire qu'on nous a vus arriver et qu'on nous surveille depuis le début... Alors pourquoi on ne nous a pas encore attaqués ?

– La barque est peut-être partie d'elle-même à la dérive... Cela signifierait que la chose tapie dans le Fort n'a pas décelé notre présence.

– J'ai peur, j'ai froid, dit Émilie. Tu penses qu'on est en sécurité ici ?

Jérôme hausse les épaules d'un mouvement las.

– Au moins, d'ici, on pourra faire signe à ceux de la plage ou attendre la première navette entre Boyardville et l'île d'Aix. On nous verra.

– Si on reste là, on sera trempés et gelés avant le matin.

Jérôme réfléchit. C'est de mauvaise grâce qu'il annonce :

– Bon, on va se mettre à l'abri dans une galerie. On sera protégés du vent et des embruns.

Ils se réfugient dans le couloir qui mène à la chambre des serpents. Le garçon éteint la lampe.

– Rallume-la, demande Émilie, j'ai peur du noir.

– La pile va s'user, elle ne tiendra jamais toute la nuit.

– Rallume-la, s'il te plaît, reprend-elle d'une petite voix.

– Bon, dit-il en appuyant sur le bouton, rassuré lui aussi par cette sphère de lumière.

Ils s'asseyent. Émilie se serre contre son frère, sans un mot, le regard soudé sur la torche, cherchant le réconfort. Jérôme garde les yeux baissés. Un frissonnement lui secoue les épaules. Il a froid, il a peur lui aussi, il n'ose pas bouger. Le Fort est silencieux. Le seul bruit qu'ils perçoivent est celui de leur cœur qui cogne dans la poitrine comme un oiseau fou contre les barreaux de sa cage.

« Tenir jusqu'au matin, espère très fort l'enfant, tenir jusqu'au matin. »

– Qu'est-ce que c'est ? s'inquiète Émilie en se raidissant d'un coup.

– Quoi ? Je n'ai rien entendu. Ce doit être le ressac.

– Non, c'est différent ! Écoute, c'est là, tout près !

Instinctivement, il éteint sa lampe. C'est vrai, il discerne maintenant un léger grattement. Quelque chose est entré, qui se dirige vers eux. La main d'Émilie se crispe sur le bras de son frère. Sans se relever, ils reculent en s'appuyant sur les mains et sur les talons.

Deux yeux ! Là ! Deux éclats phosphorescents ! Les enfants s'affolent, la terreur leur arrache des larmes. Un tigre ! Un gros serpent échappé d'une des fosses ! La bête avance, son regard se balance dans le noir.

Le garçon essaie de se redresser, retombe, voit les yeux verts bondir.

– Ah ! crie-t-il en se protégeant de la main.

Plus rien ! Où est passée la bête ? Elle a fermé son regard de braise. Peut-être est-elle en train de se faufiler au milieu d'eux, de nouer ses anneaux à leurs membres ? Jérôme ramène ses jambes, les enserre entre ses bras, Émilie est collée contre lui. C'est alors que la bête se met à ronronner.

Un sourd ronronnement de bête heureuse, de monstre satisfait.

– Mais... ?

L'enfant pointe sa lampe, pousse le bouton. Un chat !

Ébloui, l'animal se fige, mais revient se frotter contre le mur.

– Ça alors ! souffle la fillette.

Elle renifle, tend la main. Le chat s'approche, niche sa tête dans la paume d'Émilie, quémandant une caresse. C'est un matou tout noir, puissant et doux, une bête soyeuse, bien nourrie, au regard malicieux et câlin.

Émilie éclate de rire :

– On s'est bien fait avoir ! Qu'est-ce qu'il est beau !

– C'est justement ce qui m'inquiète, dit Jérôme en étudiant le chat assis dans la boucle de sa queue. Il est trop bien nourri pour être seul ici.

– C'est peut-être le chat d'un technicien. Il l'aura oublié dans la précipitation.

Le garçon hoche la tête.

– Non, il serait efflanqué. Celui-là sent encore la pâtée.

– Alors il appartiendrait... à la lumière ? Je veux dire à celui qui marchait le long des remparts ?

Elle murmure dans un filet de voix :

– Mais lui, où est-il ?

Le chat se dresse tout à coup, fixe un point vers l'entrée du couloir.

– Éteins, éteins, s'alarme Émilie.

L'obscurité retombe, épaisse, soudain plus lourde. Le chat roule un petit miaulement, une lueur éclate au bout du noir. Les enfants se lèvent d'un bond.

– Elle vient vers nous !

QUASIMODO

La lumière se rapproche, dévoile une main et une tête rouges qui semblent flotter dans l'ombre.

– Un fantôme ! crisse Émilie, les dents serrées.

Le chat se faufile dans ses jambes, lui arrache un petit cri en manquant de la renverser.

– Gédéon, tu es là ? Gédéon ? lance une voix.

D'une pression de la main, Jérôme indique à sa sœur de le suivre. En longeant la galerie, il espère découvrir une niche pour s'y dissimuler, mais sa main glisse sur un mur sans faille. Un mur nu, tout d'un bloc, désespérément lisse.

La bête s'emmêle dans leurs pieds, semant ses ronronnements dans le silence feutré... Le couloir fait un coude, le visage qui les suit s'évanouit d'un coup. Mais la galerie finit en cul-de-sac.

– On est bloqués ! souffle Émilie.

Jérôme n'ose pas rallumer. Il s'arrête, la tête bourdonnante, le souffle rauque. Où est l'autre ? A-t-il abandonné ? Est-il reparti ? Le chat pousse un miaulement qui grince comme un rire méchant.

– Gédéon ?

La voix ! Toute proche ! Le mur rosit d'une lueur tremblotante, le fantôme apparaît ; un demi-fantôme coupé au torse dont l'ombre monstrueuse se dessine sur les pierres. Les enfants ne respirent plus, terrorisés. La lumière les atteint, les dévoile, s'abaisse sur eux. Un corps entier jaillit de l'ombre.

– Nooonnn ! hurle Émilie.

Le fantôme se redresse comme s'il avait été piqué.

– Mal ? s'exclame-t-il. Mathias vous a fait mal ? Mathias ne voulait pas vous brûler avec la lumière. Pas vous brûler, non, non. Vilaine lumière, vilaine !

Émilie et Jérôme se lancent un regard, un de ces coups d'œil pour exprimer que l'autre est zinzin, fada, dérangé. Il éteint sa lanterne et lâche :

– Ho, ho ! Plus de lumière ! Problème, problème…

Jérôme allume sa lampe. Mathias recule sous le flash brutal, se protège les yeux, puis s'approche en tendant la main comme s'il voulait tâter le faisceau.

– Bonne lumière, reconnaît-il. Avec elle, Mathias aurait retrouvé Gédéon tout de suite au lieu de courir derrière lui sur les remparts.

« C'était donc ça », se dit Jérôme.

Les jumeaux étudient l'étrange personnage pendant qu'il examine la torche électrique. Il est plutôt petit, rabougri, les jambes arquées. Sa tignasse rousse retombe sur son front et lui donne un peu l'aspect d'un lion.

Un rictus lui barre la figure. Mathias est une grimace moulée dans un corps tordu, le Quasimodo de Fort Boyard.

« Il a bien vingt-cinq ans, pense Émilie. C'est un vieux. »

Le chat se frotte contre ses jambes, le dos rond, la queue dressée.

– Gédéon s'est sauvé, poursuit Mathias en le cajolant de la main, lui tirant des ronronnements qui grondent tels des borborygmes. Gédéon a voulu courir dehors alors que c'est interdit. Il aurait pu tomber à l'eau. Mathias a bien refermé la porte qui donne sur la mer, mais si oncle Blaise apprend qu'on est sortis, Mathias sera puni. Mathias ne veut pas être enfermé dans le goulp. C'est pour les méchants !

– Des méchants ? tique Émilie. Vous voulez dire que vous avez des prisonniers ?

– Les méchants seront transformés en gelée, confie Mathias. En gelée rose, verte, bleue... Krrr, krrr – il rit en s'essuyant les lèvres. Oncle Blaise les jettera dans le bac.

Il lance ses bras en l'air, pivote sur la pointe de ses pieds, s'arrête brutalement et fixe les jumeaux de ses gros yeux.

– Vous, vous êtes des gentils, vous avez retrouvé Gédéon, vous avez donné à Mathias la grosse lumière.

– Hé ! crie Jérôme. La lampe est à nous !

Craignant que le Quasimodo ne se mette en colère si son frère lui reprend l'objet, Émilie lui souffle à l'oreille :

– Laisse-la-lui. Demande-lui où est Damien.

À la question, Mathias s'excite à nouveau, s'entête à répéter :

– Des méchants ! Tous des méchants ! Oncle Blaise l'a dit : ils ont voulu retirer la mer, assécher le Fort !

– Qu'est-ce qu'il raconte ?

– Mais oncle Blaise les a attrapés ! Des crêpes anglaises, des chairs de verre, voilà ce qu'il va faire d'eux ! Même les femmes vont devenir transparentes et danser sans fin dans l'océan, une ombrelle de soie flottant à la place de la tête.

– Il parle de Mayoussi et de Prunelle, murmure Jérôme. Elles sont... – il tousse pour raffermir sa voix – elles sont vivantes ?

– Trois méchants attrapés dans les pièges. Trois méchants que Mathias doit nourrir chaque jour. Quatre avec celui de cette nuit. Mathias est fatigué de leur apporter des sandwichs. Mathias a vraiment envie qu'oncle Blaise les jette dans la mer.

– Il ne faut pas, risque Jérôme. Damien est notre frère. Lui aussi est l'ami de Gédéon.

Mathias secoue la tête d'un air buté.

– Non, non, les méchants ne sont pas les amis de Gédéon. Mathias a capturé le quatrième cette nuit et Gédéon s'est sauvé.

– Par où s'est enfui Gédéon ? demande innocemment la fillette.

– Mais par le mur ! déclare l'autre.

– Le mur ? Quel mur ?

– Pardi, celui-là ! Mathias ne l'a pas refermé assez vite et Gédéon en a profité.

Et du doigt, il désigne le mur qui clôt la galerie. Jérôme :

– Vous voulez dire que... que les prisonniers sont là derrière ?

– Tout est là derrière ! avoue Mathias en gonflant sa poitrine et en appuyant sur le premier mot.

– Tout... tout quoi ?

Le Quasimodo marque un temps d'arrêt.

Ses yeux sautent d'un enfant à l'autre, méfiants, mais la lueur s'éteint au fond de ses prunelles.

– Mathias va vous montrer.

De sa main libre, il tâte le mur...

– Celle-là ? Non, c'est l'autre.

... plaque sa paume sur une pierre, doigts écartés. Puis il promène son index le long du joint en ciment, appuie à certains endroits, et revient donner un coup de poing sur la première pierre.

« Pas étonnant que la police n'ait pas découvert le passage », pense Jérôme.

– Sésame ouvre-toi ! clame Mathias.

Puis, tandis que le mur coulisse dans un grondement d'orage :

– La formule ne sert à rien, mais Mathias aime bien la prononcer. Mathias l'a entendue dans un film. Krrr, krrr ! Venez !

Les enfants marquent une hésitation, se décident cependant à le suivre dans un escalier en colimaçon qui descend dans les ténèbres. Émilie s'agrippe au bras de son frère.

– On ne devrait peut-être pas...

La fin de sa phrase est couverte par le roulement du mur qui se referme. Il est trop tard pour reculer. Mathias les éclaire en plein :

– Plus vite, suivez Mathias.

– Il faut retrouver Damien, chuchote Jérôme à l'oreille de sa sœur. Mathias sait où il est.

L'un derrière l'autre, les mains râpant contre la pierre, la tête prise de vertige, ils s'enroulent autour de l'escalier avec l'étouffante impression de s'enfoncer dans le ventre de la forteresse.

LE MONDE DU SILENCE

La descente est interminable. Ils glissent dans l'escalier sombre et humide.

– Je vais tomber, gémit Émilie, j'en peux plus.

Mais Mathias plonge dans les entrailles du roc, entraînant la lumière avec lui. Et les enfants le suivent pour ne pas être avalés par le noir qui les talonne et dévore leur ombre marche après marche.

La lumière s'immobilise brusquement, s'étale en une grande flaque jaune sur le bois d'une porte. Émilie s'écroule. Jérôme s'affale à côté d'elle. Le chat vient s'entortiller dans leurs jambes. Mathias tourne la clef dans la serrure. Le lourd battant pivote sur ses gonds, sans un bruit, découvrant un couloir au bout duquel sourd une faible lueur verte.

– Venez, venez, les presse Mathias.

Mais ils ne bougent pas. Émilie a pris le

chat sur ses genoux et le caresse en recouvrant son souffle. Le Quasimodo appelle :

– Gédéon ! Gédéon !

Gédéon ronronne, blotti dans le giron de la fillette. Les yeux mi-clos, impassible, il regarde son maître trépigner devant la porte.

– Allez, Gédéon, allez !

Le chat a l'air de sourire en l'observant par la fente de ses paupières.

– Mrrrou, glousse-t-il, invitant Émilie à reprendre ses chatteries.

– On y va, décide Jérôme.

Il accompagne sa phrase d'une petite tape sur la cuisse de sa sœur. Ils se lèvent.

– Ah, tout de même, soupire Mathias en s'adressant au matou.

Ils pénètrent dans le couloir tandis que Mathias verrouille derrière eux.

– C'est quoi cette lumière verte ?

– On arrive dans le laboratoire d'oncle Blaise. C'est là qu'il s'occupe des méchants, krrr, krrr, krrr...

Les enfants échangent un regard, mal à l'aise. Le Quasimodo marche en claudiquant, la torche se balance au bout de son bras.

– Ooohhh ! s'exclament les jumeaux comme ils débouchent dans le laboratoire.

C'est une pièce immense creusée dans le rocher, sous le niveau de la mer, et percée de gigantesques hublots qui filtrent une lueur verdâtre, vaporeuse, indécise, légèrement phosphorescente. Un poisson, déformé par l'épaisseur du verre, promène son gros œil rond tout contre la paroi, ouvre une bouche molle comme s'il cherchait à happer ce qu'il voit. Ses écailles géantes palpitent au gré de ses mouvements, ressemblant à la carapace d'un monstre cuirassé. Puis le poisson s'éloigne d'un coup de queue, rapetisse, se fond dans un brouillard d'algues.

– On se croirait dans un aquarium, murmure Émilie, impressionnée, en regardant autour d'elle. Ou dans le sous-marin du capitaine Nemo.

Elle rentre la tête dans ses épaules lorsqu'une silhouette menaçante se profile. L'ombre d'un requin glisse, longue, lente, et dévoile une queue terminée par deux ailerons. Des machines jaunes et noires, reliées entre elles par des fils et des tuyaux, occupent la majeure partie du laboratoire et diffusent un bourdonnement continu. Des ordinateurs clignotent, cliquettent, digèrent des informations... Les écrans affichent des mots, des sinusoïdes en perpétuelle évolution, des formes qui se déhanchent et se recomposent au milieu d'un carrousel de chiffres. Des câbles pendent de la voûte, et des passerelles métalliques surplombent un gigantesque aquarium qui trône au centre du laboratoire. Quatre méduses sont figées dans un liquide. Émilie tapote contre la vitre, et les vibrations semblent leur rendre vie. Les méduses s'animent, gonflent leur dôme blanchâtre et translucide. Leurs tentacules frissonnent, parcourus d'ondes rapides. Elles se mettent à nager, plissant et déplissant leur couronne de franges.

– À quoi sert l'aquarium ? demande Émilie. Pourquoi est-il relié à tous ces tuyaux et à tous ces câbles ?

– Est-ce qu'il y a un rapport avec les méduses mutantes qu'on a découvertes dans la mer ? renchérit Jérôme.

Mathias lâche un « krrr, krrr, krrr » puis il fait mine de s'éloigner. Jérôme reprend :

– Où sont les prisonniers ?

– Mais... là, répond l'autre en indiquant l'aquarium.

« Il se fiche de nous », pense Émilie. Elle attaque :

– C'est à elles que vous apportez chaque jour des sandwichs ?

Mathias se sent pris au piège des mots. Il bredouille quelque chose entre ses dents, baisse la tête, fixe ses pieds d'un air buté.

– C'est vous qui avez enlevé les candidats et Damien ? insiste la fillette. Pourquoi ?

Et son frère d'appuyer :

– Qu'est-ce que vous trafiquez ici ? Ça n'a rien à voir avec les jeux.

– Les amis de Mathias n'ont rien à craindre. Bons amis, bons amis, assure-t-il en relevant légèrement la tête et en étendant la main dans un geste de protection.

– Amenez-nous aux prisonniers !

– Non ! Non ! se défend le Quasimodo avec une violence dans le ton qui trahit une grande frayeur. Mathias n'a pas le droit d'entrer chez les méchants.

– Comment est-ce que vous les nourrissez alors ? s'étonne Émilie.

– Par le haut. Mathias soulève une trappe et…

– Alors montrez-les-nous, le coupe Jérôme. On veut juste les voir, c'est tout.

Mathias secoue la tête.

– Nous sommes vos amis, Mathias.

– On a retrouvé Gédéon, renchérit Émilie. Sans nous, vous seriez encore en train de courir après lui…

– Bons amis, bons amis, marmonne Mathias sans cesser de se dandiner d'un pied sur l'autre.

– Votre chat aurait pu tomber dans le puits et se noyer, insiste le garçon. Il y a bien un puits dans une galerie, non ? se hâte-t-il d'ajouter.

– Oui, oui… près de l'alcôve d'Athéna. C'est en passant par le puits qu'oncle Blaise a capturé un méchant.

– C'est par là qu'on peut ressortir ? susurre Émilie du bout des lèvres.

L'autre répond sans réfléchir :

– Oui… mais il faut être des méduses, krrr, krrr.

– Ou un bon nageur, poursuit Jérôme à mi-voix.

Mathias réalise alors qu'il a trop parlé ; il se donne des claques en se réprimandant :

– Stupide, stupide, la langue va trop vite, Mathias finira aussi dans le goulp.

Une lumière tout à coup ! Crue. Aveuglante. Terrible. Les néons crépitent. Une voix tonne, puissante, chargée de colère :

– Mathias !

LE MAÎTRE DES MÉDUSES

Mathias se retourne d'un bloc. Se casse en deux, fond, se ratatine. Son visage passe du vert océan au blanc crayeux. Ses yeux balaient le sol, ses lèvres balbutient une écume de bulles.

Les enfants reculent contre une machine et cherchent à se faire petits, petits, petits... S'ils le pouvaient, ils disparaîtraient volontiers dans l'appareil.

Mathias ouvre la bouche, étend les bras. Mais la frayeur bloque les mots dans sa gorge – lettres de glace ou moineaux de granite –, les fige, les étouffe, les brise en gargouillis, en souffle rauque, en points de suspension...

Il ressemble à cet instant à un albatros qui essayerait pour la première fois de s'envoler.

– Mathias ! tonne à nouveau la voix.

Mathias ne répond plus. Il serre très fort

à l'intérieur de son crâne l'image-panique du goulp.

Une main plonge sur lui, le saisit au col, le soulève.

C'est oncle Blaise ! L'homme, vêtu d'une blouse blanche, a la taille d'un géant. Il est chauve, avec d'épais sourcils broussailleux qui rendent plus effrayante encore l'expression de ses yeux. Une barbe noire très touffue lui cache le bas du visage. Son regard crochète les jumeaux.

– Qu'est-ce que vous êtes venus faire ici ?

– Rien… On… on a vu une lumière et…

La voix d'Émilie s'effrite, la phrase tombe en morceaux, éclatée.

– Une lumière, hein ? explose l'homme en secouant violemment son neveu. Je t'avais bien recommandé de ne jamais sortir !

– Où est Damien ? ose Jérôme pour contrer la peur qu'il sent monter en lui. C'est notre frère… Vous l'avez pris… cette nuit…

L'oncle lâche Mathias, marche vers les enfants et les saisit par leurs vêtements.

Jérôme essaie de se débattre, mais le courage s'enfuit comme le sang reflue des doigts, comme la salive déserte la bouche, comme le souffle s'épuise et s'achève en hoquets.

– Nos parents savent qu'on est là, tente Émilie.

– Allons donc ! Je sais que vous êtes seuls. Je vous observe depuis que cet incapable a ouvert le passage secret. Vous auriez mieux fait de vous sauver plutôt que de pénétrer dans mon laboratoire. Maintenant c'est trop tard !

– Laissez-nous repartir avec Damien, chevrote Émilie. Nous ne dirons rien, c'est promis.

L'homme la foudroie du regard.

– Allons donc ! C'est ici, au fond de l'océan, qu'est le véritable, l'authentique silence. C'est ici qu'a pris naissance et que s'est développée la vie. Jamais elle n'aurait dû se risquer sur la terre. Depuis qu'elle s'est transformée pour devenir insecte, volatile, mammifère et primate, elle a bousculé le monde du silence, l'emplissant de grondements, de rugissements, du fracas des mâchoires et des armes. L'homme est le plus haut échelon du bruit. S'il continue, il sèmera bientôt le vacarme dans les étoiles.

– S'il vous plaît, monsieur, supplie Émilie au bord des larmes.

– Je vais ramener le silence, l'épais silence de l'eau !

– Vous voulez inonder la…

– Hé non, jeune idiot, je n'inonderai rien du tout. Au contraire. Je peux bien vous le dire puisque vous ne sortirez jamais d'ici. Grâce à moi, l'homme retrouvera le chemin de la mer. Sorti des eaux, il y retournera, se fondra dans l'élément liquide. Alors la vie pourra se développer différemment, et le bruit disparaître.

Il les fait pivoter pour qu'ils embrassent du regard l'étendue de son laboratoire.

– Ce laboratoire existait déjà à la fin du siècle dernier, avec ses galeries cachées et ses pièges. On y pratiquait des expériences médicales sur les prisonniers. La recherche a toujours progressé ainsi : en secret, à l'abri des regards. Durant la Renaissance, les médecins ne déterraient-ils pas les cadavres pour étudier l'anatomie ? Mais que pouvaient-ils bien observer du fonctionnement des organes ? Les plus belles expériences ont été réalisées sur des êtres vivants.

– D'autres personnes savent donc qu'il y a un laboratoire sous le Fort ? s'étonne Jérôme.

– J'ai découvert le plan de Fort Boyard chez un très vieux savant que j'ai – disons – aidé à mourir. Du Fort Boyard souterrain, bien sûr. Et c'était l'exemplaire unique. J'ai remodelé l'endroit selon mes besoins. Cela fait des années que je travaille là-dessous, des années que l'on court au-dessus de ma tête, que l'on plonge pour rapporter une clef, un mot, une énigme…

– Et cela gênait votre travail ? demande Émilie.

– Les dernières épreuves se déroulant de plus en plus profondément dans la mer, j'ai eu peur qu'on ne découvre mon laboratoire. Alors j'ai décidé d'enlever des candidats. Pour qu'on cesse les jeux, mais aussi parce qu'il me faut maintenant des cobayes humains.

– Quoi ? s'écrient les jumeaux. Des cobayes humains ?

– Je ne comprends pas, poursuit Jérôme.

– Dans votre monde, là-haut, vous confondez les méduses avec des sacs en plastique flottant entre deux eaux. Regardez avec quelle grâce aérienne elles évoluent. On dirait des corolles épanouies. Ces quatre-là ont été cueillies dans la mer. Il y en aura bientôt dix, car je vais transformer mes prisonniers en méduses. Personne ne pourra faire la différence entre les vraies et les six autres.

Une bouffée de panique saisit Jérôme.

– Vous êtes fou ! Fou à lier ! Vous...

Ses mots sont étouffés par une peur atroce qui lui cisaille la gorge. Émilie éclate en sanglots.

– Je ne veux pas... devenir... une méduse.

– C'est trop tard, ricane oncle Blaise. En pénétrant dans le Fort, vous vous êtes destinés au monde du silence. Vous verrez, vous vous sentirez bien, dégagés de toute pesanteur, de tout brouhaha. Vos mouvements seront vos paroles, sans colère ni tristesse, des mouvements diaphanes, auréolés d'écume, harmonieusement battus par le cœur de la mer, par le rythme lent et fort de l'océan. Mes premiers essais ont eu lieu sur des animaux, mais les méduses obtenues n'étaient pas parfaites. Maintenant, mes appareils sont au point.

– Non ! Non ! Non ! hurlent Jérôme et Émilie que le savant secoue à bout de bras.

Mathias intervient mollement :

– Bons amis, bons amis... ce ne sont pas des méchants... ils ont retrouvé Gédéon...

Le Quasimodo s'accroche à la blouse du savant.

– Ah ! rugit l'homme. Lâche-moi et occupe-toi de rattraper ton maudit animal. Je ne veux plus le voir traîner. Lui aussi finira un jour poisson-chat.

– Pas Gédéon ! Pas Gédéon ! Il est utile : il mange les rats du Fort...

– Si utile qu'il a croqué mes souris blanches ! Allons, écarte-toi ou je t'enferme dans le goulp avec les autres.

Mathias pousse des gémissements si aigus que les méduses, affolées, s'agitent de façon anormale. L'oncle se fâche, envoie bouler son neveu contre une table.

– Quant à vous deux, au goulp ! Au goulp avec les autres !

Les enfants sont bousculés le long d'une galerie. Ils trébuchent dans l'escalier. Jérôme se rebiffe en lançant ses poings dans les côtes de l'homme ; l'autre rage mais tient bon.

Ils arrivent sur un palier. Là, assis sur une trappe, le matou les regarde d'un air amusé.

Le savant le chasse d'un coup de pied.

– Miourf ! miaule Gédéon, outré.

Oncle Blaise empoigne Jérôme et sa sœur d'une main, déverrouille la trappe. Au moment où ils vont être précipités dans le trou, Émilie fauche le chat d'un geste rapide et l'entraîne dans sa chute.

– Bon débarras ! crache le bonhomme en laissant retomber l'abattant.

PRISONNIERS

Il fait noir dans le goulp. Jérôme entend pleurer à côté de lui. Des voix demandent s'ils se sont blessés en tombant.

– Alors il vous a eus aussi, se désole Damien.

Les enfants se jettent dans ses bras. Après un instant de silence, Jérôme le questionne :

– Comment as-tu disparu ?

– La voûte s'est ouverte et m'a aspiré avec une force incroyable. En quelques secondes, je me suis retrouvé sur une espèce de toboggan qui m'a projeté dans une cage où Mathias m'a cueilli pour m'amener ici.

– Moi, déclare Pierre-Marie, je n'ai rien compris. J'ai ressenti un grand choc sur la nuque et me suis retrouvé dans ce trou.

– Ils m'ont enlevée dans l'escalier de la Tour de Verre, précise Prunelle. Il n'y a jamais de caméra à cet endroit. Le mur s'est ouvert et... Et vous deux ?

– On s'est abrités du vent dans un couloir. Mathias nous a surpris. On l'a suivi jusqu'au laboratoire.

– Pourquoi êtes-vous revenus ? gémit Damien. Vous pouviez partir et prévenir les parents, la police…

– La barque n'était plus là.

Jérôme n'ajoute rien. Il se tasse sur lui-même, envahi par une vague de détresse qui lui étreint la gorge. Des perles tremblent au coin de ses yeux. Soudain il fond en larmes, de grosses larmes brûlantes qui roulent sur ses joues.

– Allons, allons, le console Prunelle en passant un bras autour de ses épaules, quand vos parents s'apercevront de votre absence, ils donneront l'alerte.

– Qui pensera à chercher ici ? soupire Mayoussi.

– Le propriétaire va certainement signaler la disparition de son embarcation. La police fera le rapprochement.

– Pas sûr, dit Pierre-Marie, le courant a pu ramener la barque sur la plage.

– Et même si les gendarmes revenaient dans Fort Boyard, ils ne trouveraient rien de plus que les premières fois, termine Damien. Les fouilles n'ont rien donné.

C'est alors qu'Émilie, de sa petite voix, leur rappelle :

– Il y a un puits près de l'alcôve d'Athéna,

qui communique avec la mer. Si on pouvait s'enfuir par là...

Un silence. Chacun imagine le plongeon dans le puits.

– Il faudrait d'abord sortir de ce trou.

– Oui, mais comment ?

– Peut-être grâce au chat... suggère Émilie.

La nuit a passé, mais il fait toujours aussi sombre dans le goulp. Les murs semblent vibrer, comme si le Fort s'animait de l'intérieur.

– Le fou a mis toutes ses machines en marche.

Personne ne renchérit. Après la terrible révélation faite par les enfants, chacun sait ce que cela signifie. Jérôme serre la main de son grand frère, la sent trembler dans la sienne. Les deux jeunes filles et Pierre-Marie tournent en rond tels des fauves en cage. Ils ont échafaudé des quantités de plans d'évasion depuis qu'ils sont dans le goulp, sans avoir eu hélas l'occasion d'en mettre un seul en pratique.

– Notre chance est de nous disperser dès qu'on nous sortira d'ici, explique le Québécois. Ils ne pourront pas nous suivre tous les six.

– Oui, mais comment nous feront-ils sortir ? s'inquiète Mayoussi. Ils peuvent facilement nous endormir avec des gaz et nous transporter où ils veulent.

– Humpf ! rage Pierre-Marie en frappant le mur avec son poing. Je donnerais cher pour me retrouver face à face avec ce fou.

Émilie, elle, caresse délicatement Gédéon, de la tête vers la queue, sans oublier le ventre qu'elle gratouille légèrement, lui tirant des ronronnements d'aise.

– Reste-là mon tout doux, ne bouge pas, ne te sauve pas, lui susurre-t-elle, alliant la douceur de la voix à celle de la main.

Ils entendent tout à coup le raclement du verrou que l'on ouvre. Puis une lumière envahit le goulp. La silhouette de Mathias se découpe au-dessus d'eux.

– Bons amis, bons amis, commence-t-il, Mathias est désolé qu'oncle Blaise vous ait jetés avec les méchants. Mais Gédéon a de nouveau disparu. Alors c'est comme si vous ne l'aviez pas retrouvé. Vous n'avez servi à rien.

Il grommelle quelques mots incompréhensibles, comme s'il les mâchonnait, reprend sur un autre ton :

– Mathias n'apporte rien à manger

aujourd'hui. Oncle Blaise a dit qu'il fallait être à jeun pour la grande expérience. Il a dit aussi que si tout marchait bien, Mathias n'aurait plus de prisonniers à entretenir, parce que les méduses, ça ne se surveille pas, krrr, krrr, krrr.

C'est le moment que choisit Émilie pour faire miauler le chat.

– Gédéon ? Gédéon ? Vous l'avez emporté avec vous ? Méchants ! Méchants ! Oncle Blaise a raison : vous êtes entrés ici pour voler Gédéon à Mathias.

Émilie tente alors son va-tout :

– Écoutez-moi, Mathias : c'est votre oncle qui a jeté Gédéon dans le goulp.

– C'est pas vrai, c'est pas vrai, riposte-t-il, incapable de concevoir un tel geste. Gédéon n'est pas un méchant pour être enfermé.

– Oncle Blaise est un méchant.

– C'est pas vrai, c'est pas vrai !

– Il n'aime pas votre chat !

– C'est pas vrai, s'entête Mathias.

– Il a dit qu'il voulait le transformer en poisson-chat. Je l'ai bien entendu.

– Moi aussi, je l'ai entendu, affirme Jérôme.

– C'est pas...

La phrase meurt. La lueur d'un souvenir éclôt dans sa mémoire. Mathias lève un œil, semble chercher sur le mur une réponse à un doute.

– Qui vous a donné la belle lampe pour éclairer le chemin, poursuit Jérôme, pour retrouver Gédéon plus facilement ? Nous sommes vos amis, vos bons amis.

– Oui… oui…

Pierre-Marie intervient :

– Oncle Blaise veut jeter Gédéon dans l'aquarium. Ensuite, ce sera votre tour, Mathias. Vous nagerez dans l'aquarium avec les méduses.

– Non, non, pas Mathias. Mathias ne sait pas nager. Mathias a peur de l'eau.

– Vous apprendrez, renchérit Prunelle. Une méduse sait nager. Il vous lâchera ensuite dans la mer, au milieu des requins et des terribles spronges à queue jaune.

– Non, non, pas les spronges à queue jaune ! s'écrie Mathias, terrifié.

– Les quoi ? s'étonne Damien.

– Rien, murmure Prunelle, j'invente n'importe quoi pour l'effrayer.

Jérôme :

– N'empêche, ça a l'air de marcher.

– Nous allons vous aider, Mathias, reprend Pierre-Marie, mais il faut d'abord nous faire sortir d'ici.

– Non, non, oncle Blaise l'a défendu…

– Vous voulez laisser Gédéon ici ? s'exclame Mayoussi. Vous n'essayez pas de le sauver ? Vous voulez le nourrir tous les matins avec des daphnies ?

Mathias s'est redressé et se dandine d'un pied sur l'autre, les yeux fermés.

– Gédéon, Gédéon, marmonne-t-il, comme s'il pouvait l'arracher du goulp rien qu'en prononçant son nom.

– Dépêchez-vous, l'avertit Pierre-Marie, si votre oncle arrive, il sera trop tard pour sauver Gédéon.

Mathias s'assoit contre le mur, se ramasse sur lui-même, le visage enfoui dans ses bras.

– Qu'est-ce qu'il fait ? demande Émilie craignant qu'il ne parte.

– Il réfléchit, dit Prunelle. C'est tout un monde qui bascule pour lui.

Le Quasimodo relève la tête.

– Sauver Gédéon... sauver Gédéon...

Mais au moment où il va se redresser, l'image de son oncle s'impose à lui.

– Oncle Bl...

La pointe de la peur fore son chemin, Mathias se recroqueville tel un escargot au fond de sa coquille. Le chat miaule à nouveau, comme s'il avait compris que tout dépend de lui à présent.

– Gédéon a faim, lance Pierre-Marie.

Mais peut-être doit-il aussi rester à jeun pour la grande expérience ?

Mathias cesse de geindre. Il inspire une grande goulée d'air, se lève, va chercher la corde qui lui sert à descendre le panier avec les repas.

« Oh, oh ! songe-t-il soudain, oh, oh ! Mathias a une idée. »

– Mathias fixe le panier au bout de la corde pour remonter Gédéon, fait-il avec une grimace éblouie qui lui tire les lèvres d'une oreille à l'autre.

– Non, non, Gédéon aurait le vertige, s'empresse de souligner Prunelle. Il faut qu'on le tienne dans nos bras.

Un bruit de bouche au-dessus : Mathias rumine sa déception.

– Attachez la corde autour de la trappe, indique le Québécois. On vous rapporte votre chat.

Mathias hésite, regarde la corde molle dans ses mains. Puis il se décide. Vite, très vite pour éviter à ses pensées de s'affiner, il l'enroule plusieurs fois autour de l'abattant et la lance dans le trou. Il se plaque contre le mur et attend, bouche bée. Pierre-Marie se hisse le premier et se place près de lui pour l'empêcher, dans un accès de panique, de s'enfuir et de donner l'alarme. Puis c'est le tour de Prunelle et d'Émilie.

– Gé... Gédéon ? s'inquiète Mathias qui voit le goulp se vider sans que son chat réapparaisse.

– Il arrive, assure la fillette.

Jérôme suit sa sœur ; Damien émerge enfin, puis Mayoussi, le matou cramponné à ses épaules.

– On file ! commande Pierre-Marie.

À la queue leu leu, serrant Mathias au milieu d'eux, ils s'engagent dans le couloir, descendent une série de marches, empruntent une longue galerie.

– Il faut nous emparer du savant, chuchote Pierre-Marie.

Tous sont d'accord. Ils approchent du laboratoire à pas de loup, y pénètrent avec précaution, mais point d'oncle Blaise. Ni près des machines, ni devant les ordinateurs, ni sur les passerelles. Dans l'aquarium bouillonne une eau verte traversée de fulgurances violettes.

– Où peut-il être ? demande Damien à Mathias.

– Oncle Blaise est partout, répond-il d'une voix tremblée. Il voit tout, entend tout... Mathias a désobéi, Mathias finira dans le goulp ou même dans l'aquarium, la tête en bas, comme un poisson qui fouille le sable.

Il s'accroche à Damien, à Prunelle, pleurniche à haute voix.

– Mathias ne veut pas être jeté dans la mer, parce que les spronges à queue jaune dévoreront ses pieds. Bons amis, bons amis, aidez Mathias : retournez dans le goulp.

– Faites-le taire, gronde Pierre-Marie. Et sortons d'ici !

– Va chercher de l'aide, toi, propose Mayoussi. Les enfants ont parlé d'un puits près de l'alcôve d'Athéna. Tu es bon nageur, tu peux t'échapper et gagner la côte en peu de temps. Nous, on surveille le labo. Blaise viendra forcément car c'est de là qu'il doit tout commander. On le surprendra à ce moment-là. Il vaut mieux le mettre hors d'état de nuire car on nc sait pas de quoi il est capable si on le laisse tripoter ses ordinateurs.

Elle se tourne vers Mathias qui serre son chat dans ses bras, de peur de le perdre une nouvelle fois. Elle change de ton, flûte sa voix :

– Mathias, nous sommes vos bons amis...

L'autre allonge les lèvres, laisse traîner un oui...

– Emmenez Pierre-Marie jusqu'au puits et laissez bien le passage secret ouvert. Allons, n'ayez pas peur, sourit-elle en voyant

POLICE
POLICE

son air effaré, nous vous protégerons d'oncle Blaise et des spronges à queue rouge.

– À queue jaune, relève Émilie, à queue jaune.

LES PLONGEURS

Il y a plus de deux heures maintenant que Pierre-Marie a plongé dans le puits. Mathias court un peu partout car son chat s'est à nouveau sauvé. Damien, Mayoussi, Prunelle sont cachés, qui derrière une porte du laboratoire, qui entre deux machines, qui sous la table d'un ordinateur. Émilie et Jérôme sont dissimulés sous de gros tuyaux qui alimentent l'aquarium des méduses placé au beau milieu du laboratoire. Ils retiennent leur respiration. Où est le savant ? Il a dû découvrir leur évasion depuis le temps. Pourquoi ne se manifeste-t-il pas ?

– Il a peut-être intercepté Pierre-Marie, murmure Émilie à l'oreille de son frère.

– Il est tout près, j'en suis sûr, je le sens.

La fillette lève les yeux. Au-dessus d'eux pendent des câbles, des fils de différentes couleurs. Elle frissonne à l'idée que le savant les guette peut-être, tapi telle une araignée au centre de sa toile.

– Gédéon… Gédéon ! clame Mathias dans le couloir.

L'appel s'éloigne, retentit dans une autre galerie… L'attente se prolonge, interminable. Les sens en éveil, ils écoutent, essaient de discerner un bruit insolite au milieu du ronronnement des moteurs. Un néon clignote près de la paroi de verre, agaçant. Jérôme le regarde pour la énième fois, souhaitant qu'il s'éteigne pour de bon, lorsqu'il découvre avec effroi un œil immense qui les observe de l'extérieur. Il s'étrangle, s'étouffe en réprimant un cri. Deux yeux maintenant ! Deux yeux humains sous un masque. Le visage se recule, devient une silhouette vêtue d'une combinaison. D'autres approchent, collent leurs gros yeux au hublot.

– Des plongeurs ! Des plongeurs ! C'est la police !

Les jeunes filles quittent leur cachette, leur adressent de grands signes.

– On est sauvés ! s'exclame Émilie en sautillant de joie.

Mayoussi se rue dans la galerie. Que lui importe désormais oncle Blaise ! Si les plongeurs sont là, c'est que la police cerne Fort Boyard. Maintenant que les prisonniers ont été aperçus, les gendarmes vont pénétrer dans la forteresse en défonçant la porte. Le savant ne peut plus rien contre eux.

– Émilie ! Jérôme ! On fonce ! crie Damien.

Les deux garçons et Prunelle se précipitent derrière Mayoussi. Prête à les suivre, Émilie s'attarde pourtant, intriguée par un gros doigt qui tapote désespérément sur le verre, semblant montrer quelque chose derrière elle. Elle se retourne, ne voit rien, hausse les épaules et s'éloigne. Le doigt disparaît, un corps s'allonge qui remonte précipitamment à la surface.

Oncle Blaise a jailli d'une porte secrète dès qu'Émilie s'est retrouvée seule et sans défense. Il dévale la passerelle pour s'emparer de la fillette : elle lui servira d'otage, il fera reculer la police, elle abandonnera la place. Il sait par où fuir ensuite ; il aura eu le temps de réaliser sa grande expérience avec l'enfant. Il recommencera plus tard, ailleurs, car il doit poursuivre son œuvre : transformer l'homme en méduse et vaincre le bruit. À l'instant où il bondit sur Émilie, Gédéon croise son chemin. Oncle Blaise le heurte…

– Nom de… !

Emporté par son élan, il bascule par-dessus la rambarde de l'aquarium.

Émilie s'arrête, intriguée par le grand

plouf qu'elle a entendu. Elle voit l'eau s'agiter, les méduses tourbillonner anormalement...

– Émilie ! Émilie ! appellent les autres.

Elle sort du laboratoire comme le néon s'éteint définitivement.

La police est partout : dans les couloirs, sur le chemin de ronde, dans la cour. Les gendarmes s'engouffrent dans le laboratoire tandis qu'Émilie, ses frères, les trois candidats et Mathias sont pris en charge par un inspecteur qui leur pose les premières questions. Puis c'est le retour sur la terre ferme.

ÉPILOGUE

Ce soir-là, toute la famille d'Émilie est invitée à La Rochelle, sur le plateau de télévision, en compagnie de Prunelle, de Mayoussi et de Pierre-Marie. Mathias est là, lui aussi, avec Gédéon et un inspecteur de police. Les enfants sont heureux et fiers. Les parents leur ont pardonné cette escapade nocturne car ils sont devenus des héros. Le présentateur du journal télévisé annonce les grands titres, puis il reprend :

– C'est grâce à Émilie, Jérôme et Damien que les trois disparus de Fort Boyard ont été retrouvés.

Émilie se rengorge lorsqu'il s'adresse directement à eux.

– Pouvez-vous expliquer rapidement à nos téléspectateurs ce qui vous a poussés à vous rendre à Fort Boyard en pleine nuit ?

Et la fillette de raconter. Elle n'oublie rien : ni la lumière ni les méduses, ni le vent ni même le chat que Mathias tient sur ses genoux. Le présentateur est obligé de l'interrompre pour donner la parole à son frère. Jérôme évoque l'immense aquarium, sa nuit dans le goulp. Damien et les candidats expliquent comment ils ont été enlevés.

– Mais le savant, on ne l'a pas retrouvé ? demande le présentateur.

Pierre-Marie regarde l'inspecteur. Celui-ci fait non de la tête.

– Et vous Mathias, qu'avez-vous à dire sur les agissements de votre oncle ? Avait-il vraiment l'intention de transformer les humains en méduses ? Avait-il déjà réalisé des expériences sur les animaux ?

Mathias regarde l'homme sans répondre.

– C'est un bon ami, lui murmure Émilie, tu peux parler sans crainte.

– Non, non, fait-il en secouant sa tignasse. Oncle Blaise le saura. Oncle Blaise punira Mathias, et Mathias nagera dans la mer avec les horribles spronges à queue jaune.

– L'enquête s'avère difficile, remarque le présentateur en décochant un sourire à l'inspecteur. Pouvez-vous nous apporter plus de précisions sur cette étrange affaire ?

– Pas dans l'immédiat, répond le policier. Nos investigations se poursuivent, et nous attendons que le laboratoire livre ses secrets.

– Mais comment avez-vous su que les enfants se trouvaient dans le Fort ?

– En réunissant diverses informations : les parents nous avaient signalé la disparition d'Émilie, de Jérôme et de Damien, des voisins avaient constaté que des rames leur avaient été subtilisées, et une barque vide dérivait près de la forteresse. Nous avons supposé une tragique promenade en mer. C'est en recherchant les corps au fond de l'eau que nos plongeurs ont découvert le laboratoire. Nous avons immédiatement investi le Fort.

Énervé par la lumière crue des projecteurs et par le manège des caméramans autour de la table, Gédéon s'échappe des mains de Mathias et bondit sur le plateau.

– Dommage que le chat ne puisse pas parler, plaisante le présentateur en guise de conclusion, car il aurait beaucoup de choses à raconter. Le savant fou court toujours, mais je crois, chers téléspectateurs, qu'il n'est pas prêt de transmuter les êtres vivants, fût-ce en singes ! Cette sombre histoire de méduses n'est qu'un bluff qui cache autre chose ! Il vaut mieux en rire.

Le laboratoire bourdonne sous l'océan, dans l'attente d'une équipe de scientifiques envoyée par le gouvernement. Rien n'a été touché ni débranché. Dans l'aquarium, lentement, mollement, nage une cinquième méduse...

INFORMATIONS
Cascade

AU FOND DES MERS

... La masse rocheuse était creusée d'impénétrables anfractuosités, de grottes profondes, d'insondables trous, au fond desquels j'entendais remuer des choses formidables. Le sang me refluait jusqu'au cœur, quand j'apercevais une antenne énorme qui me barrait la route, ou quelque pince effrayante se refermant avec bruit dans l'ombre des cavités ! Des milliers de points lumineux brillaient au milieu des ténèbres. C'étaient des yeux de crustacés gigantesques, tapis dans leur tanière, des homards géants se redressant comme des hallebardiers et remuant leurs pattes avec un cliquetis de ferraille, des crabes titanesques, braqués comme des canons sur leurs affûts, et des poulpes effroyables entrelaçant leurs tentacules comme une broussaille vivante de serpents.

Vingt Mille Lieues sous les mers
Jules Verne

LES ÎLES CHARENTAISES

L'île d'Aix

À une heure de bateau de La Rochelle ou à 20 mn du port de La Fumée à Fouras, cette petite île est interdite aux voitures. Avec son bois de pins, ses haies de tamaris, ses petites maisons bordées de roses trémières, ses criques où l'on peut pêcher coques, patelles et bigorneaux (mais attention, c'est interdit à moins de 20 m des parcs à huîtres), c'est un petit paradis sur terre. On peut visiter la maison où Napoléon a passé quatre jours avant son exil à Sainte-Hélène, voir le fort de la Rade et le fort Liédot.

L'île Madame

Une île minuscule, d'à peine 1 km de long, avec de petites criques de sable blond, un fort et une belle vue sur l'île d'Aix.

L'île d'Oléron

La plus grande des îles françaises après la Corse. Elle est reliée à la terre par un viaduc d'où l'on peut admirer les parcs à huîtres. Il faut visiter le musée de l'ostréiculture installé dans la belle citadelle de Château-d'Oléron. L'une des curiosités de l'île est la mystérieuse lanterne des morts du XIIe siècle, au sommet de laquelle on allumait une lampe pour, dit la légende, guider les voyageurs égarés ou les morts sortis de leur tombe. Ne pas manquer la criée aux poissons au port de la Cotinière.

L'île de Ré

La plus au nord, à quelques encablures de La Rochelle, elle est maintenant reliée à la terre par un pont. On y pénètre par la pointe de Sablanceaux, qui est en réalité formée de trois îlots, Saint-Martin, Loix et Ars.

On peut faire le tour de l'île en voiture mais c'est bien plus agréable d'y flâner à pied ou à bicyclette, à travers les dunes et les landes, les claires et les marais salants.

La capitale est Saint-Martin-de-Ré, une cité fortifiée du XVIIe siècle où l'on peut voir la tombe du père de madame de Sévigné, tué en défendant l'île contre les Anglais.

Il faut aussi visiter le petit port de La Flotte, le fort de la Prée, les ruines de l'abbaye des Châteliers et admirer la vue depuis le phare des Baleines.

FORT BOYARD

« Un canon à terre vaut trois canons en mer », disait-on au temps de Louis XIV. Aussi, pour protéger l'embouchure de la Charente exposée aux attaques anglaises, Vauban remit en état ou construisit toute une série de forts le long de la côte : Saint-Martin-de-Ré, le Fort-de-la-Prée, le Fort de la Rade, la citadelle de Château-d'Oléron, le Fort du Chapus... Louis XIV trouvait très stratégique l'emplacement d'un banc de sable appelé Boyard (« le mauvais banc »), à mi-chemin entre les îles d'Aix et d'Oléron. Mais Vauban le mit en garde : « Sire, il serait plus facile de prendre la Lune avec ses dents que d'élever un fort en ce point. »

C'est seulement sous Napoléon Ier, en 1804, que le projet de Fort Boyard vit le jour. Il fallut apporter 90 000 m^3 de granit de Chausey pour faire le soubassement. Durant près de soixante ans, les bagnards de Rochefort travaillèrent à la construction de cet étrange vaisseau de pierre ancré en pleine mer, avec ses trois niveaux de canonnières ouvrant sur des coursives intérieures et sa tour de vigie qui culmine à 30 mètres.

Sitôt achevé, le fort fut abandonné : la technique avait fait des progrès et les canons tiraient maintenant depuis la côte plus loin que Fort Boyard. On l'utilisa un certain temps comme prison, puis il fut abandonné aux vagues et aux mouettes jusqu'en 1962, année où Robert Enrico y tourna un film, *Les Aventuriers*, avec Alain Delon et Lino Ventura.

Un dentiste belge acheta le fort puis le revendit à une société de télévision, Tilt Production, pour la somme de 1,5 million de francs. La société céda aussitôt le fort au conseil régional de Charente pour un franc symbolique... à charge pour ce dernier d'y faire les travaux de restauration.

C'est ainsi que Fort Boyard devint l'un des plus célèbres studios de télévision de France, pour l'enregistrement de l'émission de jeu qui porte le même nom. Pour pouvoir y accoster, on a construit une plateforme de débarquement, que l'on relève dès la fin des tournages. Les visites sont interdites, et en dehors des techniciens de la télévision et des candidats au jeu, personne n'a le droit d'y pénétrer ! Ni d'y séjourner d'ailleurs : à la fin de chaque journée d'enregistrement, tout le monde doit regagner le continent, en hélicoptère si la mer est trop mauvaise. Il y a quand même quelques sacs de couchage en cas d'imprévu...

LE TRÉSOR DE FORT BOYARD

Vous n'avez pas froid aux yeux, vous avez du souffle et vous êtes désintéressé ? La course au trésor de Fort Boyard est pour vous.

Le principe du jeu est simple : chaque candidat doit à tour de rôle découvrir l'un des indices ou l'une des clefs qui permettront d'accéder au trésor gardé par quatre impressionnantes tigresses. Mais il n'y a rien à gagner, pour l'équipe tout du moins, car on ne joue pas pour soi mais pour une association caritative à qui l'ensemble des gains sont reversés.

Durant une heure et demie, nos héros vont galoper dans les escaliers et les coursives, croiser des personnages étranges, se retrouver nez à nez avec des bestioles peu sympathiques, et accomplir quelques exploits sportifs spectaculaires.

Chacun subit son épreuve seul dans une salle, ses coéquipiers lui prodiguant conseils et encouragements derrière la porte fermée. En cas d'échec, il faudra affronter quelques tortures supplémentaires, éventuellement en compagnie des araignées ou des serpents qui hantent ces lieux inhospitaliers...

L'ÉMISSION

Les émissions sont enregistrées de juin à août chaque année.
Chaque minute d'émission coûte deux fois moins cher qu'une émission de variétés, cinq fois moins cher qu'un téléfilm.
Les habitués des lieux : 140 techniciens, 4 tigresses, une foule de serpents et de mygales.
Le matériel : une régie complète d'enregistrement avec des kilomètres de câbles, 14 caméras, de nombreux relais pour le son.
Trois lignes de téléphone, 4 groupes électrogènes et 4 tonnes d'eau douce par jour.
Une plate-forme mobile pour l'arrivée par mer, une piste d'hélicoptère pour l'arrivée par les airs.

L'AVENIR EST SUR LA MER

Les océans représentent 70% de la surface de la Terre. Lorsque celle-ci sera devenue trop petite pour ses habitants (de 12 à 14 milliards en l'an 2100), il faudra songer à s'y installer. Les chercheurs travaillent...

La principauté de Monaco a gagné un quart de sa superficie en s'étendant sur la mer, grâce à des remblais le long de la côte.

Des pays comme le Japon, la Corée, et même l'Italie, étudient des projets d'îles artificielles, sur pilotis ou sur flotteurs de béton.

En l'an 2000, la ville de Seoul (Corée) inaugurera un aéroport sur l'eau. Plusieurs grandes villes côtières dans le monde envisagent de remettre les hydravions à la mode, et de construire des « hydraports ».

À quand des villes sous-marines ? Elles ne pourraient se développer qu'à très faible profondeur, à cause des effets néfastes de la pression de l'eau sur l'homme.

Moins 534 mètres : c'est le record de profondeur atteint par les plongeurs d'une société de recherches sous-marines, la Comex. Pour aller encore plus loin, on étudie la possibilité de remplir les poumons de l'homme d'un liquide, comme dans le film *Abysses* !

BON APPÉTIT LES ALGUES

Savez-vous que vous mangez des algues chaque fois que vous savourez un flan au chocolat, une crème glacée ou plus simplement lorsque vous vous lavez les dents ? Parmi les 20 000 espèces d'algues existant dans le monde, une cinquantaine sont utilisées par l'homme. Et les chercheurs n'ont pas fini de découvrir les ressources de ces herbes marines aux richesses infinies !

– Le goémon (ou varech) est utilisé depuis des siècles comme engrais.

– Le wakamé, algue fine et soyeuse, ressemble à une fougère. On peut l'utiliser en confiserie, enrobée de chocolat, ou comme légume. Les Japonais en consomment sous forme de galettes et de soupes depuis des siècles !

– La laitue de mer (*ulva* en latin), très riche en vitamine A (comme le chou) et en vitamine C (comme les oranges) se mange en salade.

– Les laminaires, longues algues brunes en lanières, fournissent les alginates qui sont utilisés dans l'industrie alimentaire, textile et pharmaceutique.

– La *chondrus crispus* est une algue rouge ramassée à la main à marée basse. Une fois séchée, on en extrait des gélifiants utilisés notamment dans les desserts lactés et les bonbons.

– La *gracilaria verrucosa*, autre algue rouge, fournit l'agar-agar utilisé également dans les produits lactés, les confitures, et dans la fabrication de savons et de produits de beauté.

– *Porphyrium cruentum* est une algue microscopique utilisée dans l'industrie pharmaceutique.

On verra peut-être, dans quelques années, des emballages alimentaires comestibles à base d'algues... mais on trouve déjà des chaussures de sport à semelles d'algues, qui absorbent la transpiration.

Vive les algues !

LES MÉDUSES

Les méduses sont des animaux marins transparents et gélatineux, appartenant à l'embranchement des cœlentérés. Elles ont la forme d'une cloche ou d'un champignon, leur bouche s'ouvrant à la base du pied. Le bord du chapeau et parfois le pied portent des tentacules venimeuses. Les méduses sont des prédateurs carnivores qui paralysent leurs proies à l'aide de cellules spéciales ou de filaments urticants portés par les tentacules.

Les méduses que l'on trouve en Méditerranée appartiennent au groupe des physalies. Elles vivent dans les mers chaudes, et, lorsque les conditions sont favorables, elles forment des bancs qui s'étendent sur des kilomètres. Leur piqûre provoque de l'urticaire, des démangeaisons, des malaises pouvant aller jusqu'à la perte de connaissance, mais elle n'est pas mortelle.

Les méduses acalèphes sont des méduses de grande taille qui vivent surtout en haute mer. Les cuboméduses ont une forme carrée. La plupart ne sont pas dangereuses mais il existe, près des côtes australiennes, deux espèces mortelles.

Dans la mythologie grecque, Méduse était l'une des trois Gorgones, monstres à la tête entourée de serpents et ornée de défenses de sangliers. Elle tuait par son regard qui pétrifiait celui qui la fixait. Persée lui trancha la tête et de son sang naquit Pégase, le cheval ailé.

MONSTRES MARINS

... Je ne pus réprimer un mouvement de répulsion. Devant mes yeux s'agitait un monstre horrible, digne de figurer dans les légendes tératologiques.

C'était un calmar de dimensions colossales, ayant huit mètres de longueur. Il marchait à reculons avec une extrême vélocité dans la direction du Nautilus. Il regardait de ses énormes yeux fixes à teintes glauques. Ses huit bras, ou plutôt ses huit pieds, implantés sur sa tête, qui ont valu à ces animaux le nom de céphalopodes, avaient un développement double de son corps et se tordaient comme la chevelure des Furies. On voyait distinctement les deux cent cinquante ventouses disposées sur la face interne des tentacules sous forme de capsules semi-sphériques. Parfois ces ventouses s'appliquaient sur la vitre du salon en y faisant le vide. La bouche de ce monstre – un bec de corne fait comme le bec d'un perroquet – s'ouvrait et se refermait verticalement. Sa langue, substance cornée, armée elle-même de plusieurs rangées de dents aiguës, sortait en frémissant de cette véritable cisaille...

Vingt Mille Lieues sous les mers
Jules Verne

Ces dossiers ont été établis en collaboration avec Nicole Bustarret.

L'AUTEUR

Alain Surget est né en 1948 à Metz. Il s'est d'abord lancé dans la poésie puis le théâtre avant de se découvrir une passion pour le roman. À la fois rêves de jeunesse et désirs de voyages, ses ouvrages traduisent les grands thèmes qui le fascinent : les luttes de classes et de races, les rapports entre le monde moderne et les grandes forces ancestrales, la vengeance, le destin, et surtout la lutte de l'homme avec la nature et la solitude.
Membre de la Société des Écrivains d'Alsace et de Lorraine depuis 1977, Alain Surget a déjà publié de nombreux livres pour les jeunes en particulier dans les Collections Cascade.

L'ILLUSTRATEUR

Emmanuel Cerisier est né en 1970 à Rennes.
Après deux années passées aux Beaux-Arts, il intègre l'École Supérieure d'Arts Graphiques de Paris. Diplômé en 1995, il s'est lancé dans l'illustration pour l'édition, réalisant des dessins pour les livres de fiction et les documentaires.
Il adore voyager et il fixe ses impressions dans des carnets de voyage qu'il réalise pour son plaisir.

COLLECTION
Cascade

9 - 10

UNE AMIE GÉNIALE
Sandrine Pernusch.
L'ATTAQUE DE L'OURS
Alain Surget.
AU BOUT DU CERF-VOLANT
Hélène Montardre.
AU SECOURS MÉLUSINE !
Yvon Mauffret.
LES AVENTURES D'UN CHIEN PERDU
Dagmar Galin.
BILLY CROCODILE
Yves-Marie Clément.
LES BRACONNIERS DU ROI
Paul Thiès.
CHUT... SECRET DE FAMILLE
Marie Dufeutrel.
CLAIR DE LOUP
Thierry Lenain.
CLASSE DE LUNE
François Sautereau.
LES CM2 À LA UNE
Catherine Missonnier.
LA COURSE AUX RECORDS
Lorris Murail.
DEUX POISONS DANS L'EAU
Chantal Cahour.
LES DISPARUS DE FORT BOYARD
Alain Surget.
LA DOUBLE CHANCE DE JULIETTE
Françoise Elman.
DOUBLE MARTIN CONTRE POISON ROSE
Fanny Joly.
ELSA ET ANTONIO POUR TOUJOURS
Jean-Paul Nozière.
L'ENFANT CHEVREUIL
Roger Judenne.
ENQUÊTE ET PATINS À ROULETTES
Alice Hulot.
L'ÉTÉ DES CONFIDENCES ET DES CONFITURES
Yves Pinguilly.
EXTRATERRESTRE APPELLE CM1
Catherine Missonnier.
LE GOUFFRE AUX FANTÔMES
Alain Surget.
LA GUERRE DE RÉBECCA
Sigrid Heuck.
LA GUERRE DES POIREAUX
Christian Grenier.
HISTOIRE DE LUCIEN
François Charles.
L'ÎLE AUX TORTUES
Michel Girin.
L'INCONNU DU QUATRIÈME
Alice Hulot.
LES INDIENS DE LA RUE JULES FERRY
François Sautereau.
LE JOURNAL SECRET DE MARINE
Sandrine Pernusch.
LE LÉVRIER DU PHARAON
Roger Judenne.
MON VOISIN EST UN PIRATE
Hervé Fontanières.
LE MOUSSE DU BATEAU PERDU
Yvon Mauffret.
MYSTÈRE À CARNAC
Michel-Aimé Baudouy.
MYSTÈRE AU CHOCOLAT
Didier Herlem.
UN MYSTÈRE PRESQUE PARFAIT
Didier Herlem.
ON T'AIME CHARLOTTE
Sandrine Pernusch.
PARIS-AFRIQUE
Yves Pinguilly.
POUR UN PETIT CHIEN GRIS
Yvon Mauffret.
RENDEZ-VOUS AU ZOO
Corinne Gerson.
LE SECRET DE L'OISEAU BLESSÉ
Betsy Byars.
TONTON ROBERTO
Fanny Joly.
TOUCHE PAS À MON PÈRE
Chantal Cahour.
VIVE LES PUNITIONS !
Guy Jimenes.

COLLECTION
Cascade

11 - 12

À CLOCHE CŒUR
Marie-Florence Ehret.

L'ACROBATE DE MINOS
L.N. Lavolle.

ADIEU BENJAMIN
Chantal Cahour.

UNE AMITIÉ BLEU OUTREMER
Yvon Mauffret.

L'AMOUR K.-O.
Jean-Paul Nozière.

L'ANGE DE MAURA
Lynne Reid Banks.

LE BALLON D'OR
Yves Pinguilly.

B COMME BÉATRICE
Geneviève Senger.

BONS BAISERS DE CALIFORNIE
Marie-Noëlle Blin.

C'EST LA VIE, LILI
Valérie Dayre.

COMME SUR DES ROULETTES
Malika Ferdjoukh.

COUP DE FOUDRE
Nicole Schneegans.

LA COUR AUX ÉTOILES
Évelyne Brisou-Pellen.

CYRANO JUNIOR
François Charles.

LE DÉFI DE MISS CAMBOUIS
Marie Dufeutrel.

LES DEUX MOITIÉS DE L'AMITIÉ
Susie Morgenstern.

L'ÉTÉ JONATHAN
Marie Dufeutrel.

LA GRIFFE DES SORCIERS
Évelyne Brisou-Pellen.

LA GRIFFE DU JAGUAR
Yves-Marie Clément.

LE JOUR DU MATCH
Gilberte Niquet.

MON JOURNAL DE GUERRE
Yvon Mauffret.

LE MYSTÈRE DE LA NUIT DES PIERRES
Évelyne Brisou-Pellen.

PAULINE EN JUILLET
Jacqueline Mirande.

UN PONEY BLANC NEIGE
Anne Eliot Crompton.

PRISONNIÈRE DES MONGOLS
Évelyne Brisou-Pellen.

RENDEZ-VOUS AU COLLÈGE
Stéphane Méliade.

LE ROYAUME DE LA RIVIÈRE
Katherine Paterson.

LE SECRET DE JESSICA
Michel Amelin.

LE SECRET DU GÉNÉRAL X
Jacques Asklund.

SÉRIE NOIRE POUR BABACAR
Michel Girin.

UNE SIXIÈME EN ACCORDÉON
Jean-Paul Nozière.

LE TRÉSOR DU MENHIR
Yvon Mauffret.

UN TRÉSOR DANS L'ORDINATEUR
Jacques Asklund.

LA VOIX DU VOLCAN
Évelyne Brisou-Pellen.

LE VOLEUR DE PANDAS
Alain Surget.

Achevé d'imprimer en novembre 1996
sur les presses de Maury-Eurolivres
45300 Manchecourt
Dépôt légal : novembre 1996
N° d'imprimeur : 55772
N° d'éditeur : 2820